INSTRUCTION NAUTIQUE,

SUR L'ISLE DE

TABAGO.

Extrait du Journal de M. le Comte de
BRUEYS, *Lieutenant de Vaisseau.*

A BREST,

De l'Imprimerie de R. MALASSIS, Imprimeur
ordinaire du Roi & de la Marine.

M. DCC. LXXXVIII.

INSTRUCTION

NAUTIQUE,

SUR L'ISLE

DE TABAGO.

L'Isle de Tabago git par les 11° 9′ 30″ de latitude Nord, & 62° 35′ 45″ de longitude Ouest, du méridien de Paris. Les courants qu'on trouve dans cette partie, empêchent de faire une route directe pour y venir ; mais en indiquant l'air de vent à suivre pour s'y rendre de la *Martinique*, & les précautions à prendre pour naviguer autour de l'Isle, cela suffira pour guider ceux qui n'y sont jamais venus.

Lorsqu'on part de la *Martinique* pour aller à *Tabago*, il faut, autant qu'on le peut, remonter le Canal de *Ste.*

A

Lucie ; & lorſqu'on eſt à une lieue au vent de la Pointe de l'*Eſpérance*, faire gouverner au S. S. E. du compas, & même au S. E. ¼ S., s'il y avoit de la dérive. Cette route vous menera à 6 ou 7 lieues au vent de *Tabago ;* mais ſi les courants vous avoient porté dans l'Eſt, comme cela arrive quelquefois, vous reconnoîtrez par la hauteur, ſi vous êtes encore dans le Nord de l'Iſle, ou ſi vous l'avez dépaſſée. Dans ce dernier cas, en faiſant gouverner à l'Oueſt, vous ne tarderiez pas à voir la *Trinité* ou *Tabago ;* cette erreur eſt préférable à celle de ſe trouver ſous le vent, par la difficulté qu'on auroit à remonter.

Si vous découvrez la terre, à l'entrée de la nuit, qui ſera les Iſlets *St. Gilles* ou le *petit Tabago*, & que vous ne veuilliez pas aller au mouillage, il ne faut jamais mettre en panne, mais s'entretenir ſous peu de voiles, & préférer la bordée du Sud qui vous entretient contre les courants ; au lieu qu'en tenant la bordée du Nord, vous riſqueriez de manquer l'Iſle.

L'Iſle de *Tabago* court N. E. & S. O. ; on peut donc auſſi facilement aller au *Port-Louis* ou à Courlande, mais pour remonter, on ne peut le faire que le long de la côte du N. O. : il n'y a pas d'exemple qu'un Bâtiment quarré ait pu réuſſir à aller au Nord de l'Iſle par la côte qui préſente au S. E., & une fois dans l'Oueſt du *Port-Louis*, on eſt forcé d'aller doubler *St. Gilles* & le *Petit Tabago* pour y revenir.

Sur la côte du N. O., les courants vont alternativement au Nord & au Sud, ils changent à peu près toutes les ſix heures, mais ils ſont beaucoup plus forts lorſque leur direction eſt Sud, principalement pendant l'hivernage; de ſorte que ſi la briſe n'eſt pas fraîche, on perd dans

une heure tout ce qu'on a gagné dans le Nord , & beaucoup plus s'il fait calme.

Il faut donc ne jamais éloigner la terre de plus d'une
lieue , & lorfqu'on s'apperçoit du changement des courants & que le vent mollit, approcher la terre &
mouiller une petite ancre pour attendre leur retour. Il y
a mouillage tout le long de la côte, à un tiers de lieue
au large. La fonde vous indiquera où vous devez jeter
l'ancre, mais j'ai éprouvé qu'il ne falloit pas s'approcher
plus près que par les 20 braffes, où le fond eft fable,
au lieu que par une moindre quantité, on trouve du gros
gravier, du gingembre & des roches. On n'a plus cette
reffource, une fois dans le Nord de *Caftara-Bay ;* j'ai
vu des Bâtimens refter dix jours pour doubler les Iflets
St. Gilles ; j'ai éprouvé moi-même cette difficulté, fur *le
Coureur,* au mois d'Août : il eft vrai que dans cette faifon, les courants font plus violents & les calmes plus
fréquents.

Il n'y a aucun danger fur la côte du N. O., depuis
le *Petit Courlande* jufqu'à *St. Gilles.* Les feuls rochers qui
s'éloignent à une demi-lieue de terre, font les Sœurs
The Sifters ; mais ils font fains dans tout leur contour, &
affez elevés pour qu'on puiffe les voir la nuit. Les plus
gros Vaiffeaux peuvent paffer entre eux & les Freres
The Brothers, qui touchent prefque la terre ; il vaut
mieux approcher les Sœurs.

Les Iflets *St. Gilles,* & le *Petit Tabago* font au N. E.,
à la tête de l'Ifle. Leur diftance eft d'environ une lieue
& demie ; ils forment un enfoncement dans lequel il fe-
roit dangereux de fe laiffer affaler, les courants y portent, & on n'y a pas même la reffource de mouiller ; il
eft donc prudent d'y paffer à une certaine diftance, fur-
tout fi le vent eft mou.   A 2

Lorfqu'on aura doublé le *Petit Tabago*, on pourra accofter la terre d'auffi près qu'on le voudra, jufqu'à l'Iflet nommé *Richmond* 1, le plus confidérable après avoir doublé *Queen's-Bay*; alors on gouvernera au S. O., pour éviter un banc qui s'étend environ une demi-lieue au large, jufqu'à l'Iflet nommé *Smiths* 1; on parcourra un fond blanc fur lequel on trouvera 7 & 8 braffes. Arrivé par le travers de *Smith's* 1, ou de *Granby-Fort*, à un tiers de lieue au large, on gouvernera à l'O. S. O., jufqu'à ce qu'on ait dépaffé *Minifter-Bay*, afin d'éviter la Caye, nommée *Sunken-Rock*, & plus communément connue fous le nom de *Minifter-Rock*; alors on mettra le cap fur les Iflets *Rouges* qui font à l'entrée du *Port-Louis*, jufqu'à ce qu'on découvre la Ville, pour éloigner le haut fond de la Pointe de *Scarborough*.

Lorfqu'on verra les premieres Maifons ou le premier Moulin à vent dans l'Oueft de la Ville, on gouvernera à trois encablures de la côte Eft, jufqu'au mouillage, le cap au N. O. $\frac{1}{4}$ O.; ce Moulin à vent peut fervir de remarque pour gouverner deffus, lorfqu'il eft découvert par la derniere pointe. On peut approcher les Iflets *Rouges* à deux longueurs de cable.

Du refte tous les dangers font paffés lorfqu'on eft dans l'Oueft de la pointe de *Scarborough*, la côte eft faine jufqu'au fond de la Baie, & on eft par conféquent maître de fa manœuvre.

Je parlerai du Banc qui eft à l'entrée du *Port-Louis*, ainfi que des Reffifs de *Sandy-Point*, dans la defcription de ces Baies.

Position de la Caye *, marquée sur la carte* Sunken-Roch, *mais généralement connue sous le nom de* Minister-Rock.

Cet écueil se trouvant sur la route du *Petit Tabago* au *Port-Louis*, a été funeste à beaucoup de Bâtiments, & sa position sur la carte ne servoit qu'à rendre leur perte plus certaine. Il est d'autant plus dangereux, que souvent la mer n'y brise pas. Je l'ai cherché pendant plus d'une heure avant de le trouver; je me suis assuré de sa grandeur & de sa position, en le contournant & le croisant plusieurs fois, & en prenant des relevements avec les points principaux. Sa surface est, à peu de chose près, de six toises quarrées, & sa profondeur, à mer basse, de cinq pieds sur son sommet, & dix pieds sur ses bords. Il est composé de plusieurs roches détachées, plates & aiguës, & qui laissent au milieu d'elles une profondeur de sept & neuf pieds; ses bords sont accores; on trouve cinq brasses du côté de terre, & neuf brasses du côté du large.

Relevement pris sur son sommet.

L'Islet de *Granby-Fort*, ou *Smiths* 1, à l'E. $\frac{1}{4}$ N. E., cinq degrés Nord.

Les deux Islets *Rouges*, à. . . . . Ouest.

La pointe N. E. de *Minister-Bay*, au N. $\frac{1}{4}$ N. O., cinq degrés Ouest. .

La Baie qui porte ce nom est la premiere dans l'Est du *Port-Louis*; c'est précisément dans le prolongement de sa pointe N. E. que se trouve cet écueil, à un tiers de lieu de distance. On saura qu'on est exactement par son travers, d'abord par le relevement, & ensuite lorsque la pointe N. E. de *Minister-Bay* fera dans la même direction de l'habitation bâtie au deffus. D'après cela on ne fauroit s'y jeter, à moins que de le faire exprès. Tous les Marins favent apprécier une demi-lieue, & ceux qui voudront agir avec encore plus de prudence, y pafferont à trois quarts de lieue. D'ailleurs, l'air de vent indiqué lorfqu'on eft à un tiers de lieue au large de l'Iflet *Granby-Fort* ou *Smiths* 1, eft l'O. S. O., qui vous en fait paffer fort au large.

Je crois qu'on pourroit y placer une balife, en mouillant une groffe ancre de trois ou quatre mille dans l'intervalle que forment les rochers, fufpendue à une chaîne de fer de quinze pieds, & foutenue par un corps mort formé de plufieurs groffes pieces de bois croifées. On mettroit dans fon centre une barre de fer de fix ou huit pieds, à laquelle on attacheroit un pavillon, ou une barique peinte en pavillon hollandois.

Il y a paffage entre la terre & l'écueil, en rangeant la pointe à trois encablures.

Direction des Courants.

Ils varient fi fouvent, qu'il eft difficile de pouvoir y compter d'une maniere ftable ; mais voici leurs effets ordinaires.

Dans le Nord de l'Ifle, ils courent le plus fouvent au N. O., & quelquefois au N. E.

Sur la côte qui préfente au N. O., ils vont alternativement au Nord & au Sud, & changent à peu-près toutes les 6 heures.

Sur la côte qui préfente au S. E., ils portent au N. E. depuis le petit *Tabago* jufqu'à *Queen's-bay*, & enfuite ils courent dans l'Oueft jufqu'à *Sandy-point*.

Leur

Leur principale caufe vient de la riviere de l'Orénoque, aufli font-ils plus rapides dans la faifon des pluies où elle déborde.

DESCRIPTION DES BAIES

qui fe trouvent autour de l'Isle , depuis Kings-bay *jufqu'à* Man of War-bay.

KING'S-BAY.

CETTE baie eft la premiere qu'on trouve après avoir doublé le *petit Tabago*; les gros bâtimens marchands n'y vont pas, parce qu'il y a ordinairement groffe mer, que le fond y eft mauvais, & qu'on éprouve beaucoup de variétés dans le vent avant de parvenir au mouillage ; le feul endroit où l'on puiffe jeter l'ancre, eft vis-à-vis la plage, fous la grande habitation qui refte à ftribord, dans un fond de fable, par 12 & 15 braffes, à une encablure de terre : tout le refte eft fond de fable mêlé de roches.

QUEEN'S-BAY.

Cette baie fuit celle de *King's-bay*, & eft très-reconnoiffable par un Iflet qui le détache de la terre, & en dedans duquel eft le mouillage. Cet Iflet eft terminé par un rocher qui paroît fur l'eau, & fur lequel la mer brife : on peut le ranger à toucher, y ayant à fon pied 4 braffes, & 18 & 20 braffes à une encâblure, fond de roche. Lorfqu'on eft prêt à le doubler, on voit dans l'Oueft, & à peu-près à un quart de lieue, un rocher ifolé fait en forme de chapeau, il eft nommé fur la carte *Roxbury-rock* : c'eft entre ce rocher & l'Iflet nommé *Queen's I,* qu'on paffe pour entrer au mouil-

lage , mais en rangeant ce dernier de plus près, afin qu'a-
près l'avoir doublé on puiſſe, en venant du lof, jeter l'ancre
dans *Queen's I*, par 6 ou 7 braſſes fond de ſable noir. Il faut
attendre , avant de mouiller, d'ouvrir *Queen's I* avec la
terre, & que la ſonde ne vous rende pas plus de 7 braſſes ,
ſans quoi vous trouveriez des roches qui couperoient vos câbles. La pointe Oueſt de cette baie, & qui la ſépare de
Prince's-Bay , eſt entourée d'un fond de roche, c'eſt pour-
quoi il faut mouiller au milieu , & même plus près de l'Iſlet.
Une fois prévenu de tout cela , il n'y a pas de mouillage
plus facile à prendre , & on peut y entrer la nuit comme le
jour, pourvu qu'il faſſe aſſez clair pour voir l Iſlet *Queen's I.*
Il y a très-bon fond dans *Prince's-Bay*, mais la difficulté d'en
ſortir empêche les gros bâtimens d'y aller.

SONDES.

De l'Iſlet *Queen's I* à *Roxbury-Rock*, gouvernant à l'Oueſt,
4, 18, 20, 26, 29 & 15 au milieu de l'eſpace, tout fond
de roches. C'eſt ici le commencement d'un banc de roche,
qui s'étend du Sud au Nord, environ une encâblure, il y a
des endroits où l'on ne trouve que $4\frac{1}{2}$ braſſes; en continuant
ſur *Roxbury-Rock* , la ſonde rend 25, 34, 31, 33, 26 & 3
à une demi-encâblure, enſuite 4 & $3\frac{1}{2}$ braſſes à toucher ;
tout ce fond eſt gros ſable & gravier. Il y a la même eau tout
autour de l'Iſlet : on pourroit y paſſer en dedans , en le
rangeant à $\frac{1}{2}$ encâblure.

De l'Iſlet *Queen's I* à la pointe qui ſépare les deux baies ,
10, 8, 7, 6, $6\frac{1}{2}$ braſſes fond de ſable & vaſe juſqu'au
deux tiers de l'eſpace ; mais en continuant vers la pointe , le
fond eſt ſable, parſemé de roches, par $5\frac{1}{2}$, 5, 4, $3\frac{1}{2}$ braſſes : ce qui prouve qu'il faut venir du lof, après avoir dou-
blé *Queen's I.*

Ce mouillage ne peut contenir que cinq ou fix bâtiments;
il eft fort bon pour une frégate ; on y roule comme dans
tous ceux de cette partie qui préfentent au S. Eft.

B A R B A D O S - B A Y.

Cette baie eft très - fpacieufe, elle a une grande lieue
d'ouverture, mais on ne peut mouiller que dans la partie de
l'Eft, l'autre, marquée fur la carte *Hilsborough Bay*, étant
trop battue par le vent & la mer. Ce mouillage eft indiqué
par un Iflet ifolé, dans la partie de l'Eft nommé *Smiths I* ;
on le laiffe à ftribord, & on va jetter l'ancre dans l'Oueft
de la pointe fur laquelle eft la batterie nommée *Granby-Fort*.
Après avoir dépaffé la petite anfe de fable attenante au fort,
on mouille dans la feconde anfe de fable vis-à-vis *George-
Town*, par 12, 13 & 18 braffes, fond de fable, relevant
la pointe N. E. au S. E. $\frac{1}{4}$ E. , & la pointe du S. O. au
S. O. $\frac{1}{2}$ O.

Il y a un haut fond à la pointe de *Granby-Fort* qui s'étend
à un petit quart de lieu au plus dans le S. O., & deux encâblures dans l'Oueft. La fonde rend au pied de l'Iflet *Smiths I*
3 braffes, & en continuant dans le S O., 4, 5, 6, 8
braffes fond de roche ; à 8$\frac{1}{2}$ braffes on trouve fond de fable.

De l'Iflet *Smiths I* en allant au mouillage, & le rangeant
à une encâblure, 4, 4$\frac{1}{2}$, 5, 6 braffes fond de roche,
& en avançant vers *George-Town*, 12, 13, 18 braffes
fond de fable, c'eft l'endroit où l'on jete l'ancre.

Ce banc n'eft dangereux que pour un Vaiffeau de guerre,
tout autre Bâtiment peut aller au mouillage en rangeant
Smiths I & *Granby-Fort* à une encâblure ou deux de diftance.

La route pour un Vaiffeau eft le milieu des deux pointes
qui forment la baie, gouvernant le cap au Nord fur une
grande habitation, jufqu'à ce qu'il releve l'Iflet *Smiths I* à

l'Eſt , & *Granby-Fort* à l'E. ¼. N. E. 5° Nord ; le fond juſqu'alors eſt de ſable gris par 25 & 30 braſſes ; il viendra ſur ſtribord le cap au N. N. E. , & la ſonde lui rendra 35, 34, 32, 28, 27, 26, 23½ & 17 braſſes, ſable & gravier juſqu'aux 26 braſſes , enſuite tout ſable ; il ſera alors à trois encâblures de terre , & venant ſur ſtribord le cap au N. E. gouvernant ſur la pointe qui ſépare les deux anſes , il mouillera dans un fond de ſable noir par 12 & 13 braſſes : il pourra reſter ſur un pied d'ancre ou affourcher N. E. & S. O.

Il y a fond de ſable dans toute l'anſe , & la ſonde diminue inſenſiblement en allant vers la plage ; dans la premiere anſe, auprès du fort, il y a 3 & 3½ braſſes fond de ſable.

Il y a preſque toujours un Raz de Marée qui rend le débarcadere difficile.

On peut y faire de la bonne eau dans une riviere aſſez conſidérable.

Pour aller au *Port-Louis* , il faudra pendant quelque tems gouverner au S. S. O. juſqu'à ce qu'on ſoit à un tiers de lieue de la côte ; on ſuivra enſuite la route indiquée pour éviter l'écueil *Sunken-Rock*.

P O R T - L O U I S autrefois Scarborough.

C'eſt ici où a été juſqu'à préſent l'établiſſement principal; ce ſeroit la meilleure rade de l'Iſle ſi ſon fond n'étoit pas auſſi pernicieux aux câbles. Elle a deux tiers de lieue d'ouverture depuis le S. E. ¼ E. juſqu'au S. O. ¼ S. relevés du mouillage , & environ demi-lieue d'enfoncement. Elle eſt garantie par deux Iſlets de couleur rougeâtre qui indiquent un banc de reſſifs qui s'étend dans le Sud , & dont la ſurface embraſſe une lieue.

Les Vaiſſeaux qui viennent au mouillage, laiſſent ces Iſlets

rouges & le blanc à bâbord, & prolongeant la côte Eft à
trois encâblures, ils jetent l'ancre avant d'arriver à la ville,
ou vis-à-vis les premieres maifons, dans un fond de fable
& vafe par 20, 17 & 12 braffes. Une Frégate peut s'avan-
cer davantage dans le N. O. & mouiller par 6 braffes, fond
de fable noir; c'eft le meilleur endroit pour la fûreté des câbles, car par-tout ailleurs il eft très-ordinaire de les voir
caffer, malgré les précautions qu'on prend pour les garantir,
en y mettant beaucoup de flot. Mais il y a une fi grande
quantité d'ancres perdues, jointes à quelques roches dif-
perfees, qu'il eft indifpenfable d'avoir 20 braffes de chaîne
de fer au bout du câble, lorfqu'on aura quelque féjour à y
faire. Du refte la tenue eft fort bonne, & la Baie affez
fpacieufe pour contenir 80 Bâtimens : on y arrive toujours
avec bon vent, & l'on peut mouiller fur toute la côte de
l'Eft après avoir dépaffé la pointe de *Scarborough*, où il y a
un haut fond qui s'étend à trois encâblures.

Pour fortir de la baie, il faut abfolument fe touer; il y a
deux paffes, l'une pour les bâtimens qui ne tirent pas plus
de quatorze pieds, & la feconde pour les Frégates & gros
Vaiffeaux.

La premiere paffe eft au travers du banc, on fe touera jufqu'à ce qu'on puiffe paffer à une portée de fufil au large des
Iflets rouges, alors on mettra fous voiles,& gouvernant au S.
O. S. 5°. Oueft,on paffera dans le chenal.Dans cette pofition
le fommet du morne *Coton* reftera droit de l'arriere ; il eft
rare qu'on ne voye pas des brifans qu'on laiffe a bâbord, &
qui indiquent le feul danger à craindre. On reconnoîtra
qu'on a doublé tous les reffifs lorfqu'on commencera à ouvrir
le rocher nommé la *Tête de Singe*, avec le *Cap rouge*, le plus
faillant de la côté fituée dans l'Oueft des Iflets de même couleur, alors on viendra fur bâbord pour éviter les reffifs de
Sandy-Point.   B 2

Pour la seconde passe il faudra se touer jusqu'à la premiere petite anse de sable dans l'Est du mouillage , & faisant courir au S. S. E., on doublera le banc à une bonne distance.

Il ne faut jamais mettre sous voile qu'avec une brise faite, afin de maîtriser les courants.

J'ai sondé sur toute la surface du banc, à mer basse, & n'ai jamais trouvé moins de neuf pieds dans les endroits qui brisent , & vingt-cinq pieds sur ses bords ; la qualité de son fond n'est pas par-tout la même , mais il est roche dans plusieurs endroits ; si cependant on y étoit entraîné par les courants , on auroit la ressource de mouiller , avec l'assurance de tenir jusqu'à ce que la brise se levât.

Ni le haut fond qui est dans le prolongement de la pointe de *Scarborough* , environ à trois longueurs de câble , ni ce banc de ressifs , ne font point marqués sur la carte , on a voulu apparemment désigner ce dernier par les petites croix qui font vis-à-vis *Little-Rockly-Bay* , mais elles font beaucoup trop dans le S. O. : en général cette carte Angloise , la seule qui ait paru , est fausse presque dans tous ces points.

La mer monte ici plus que par-tout ailleurs, mais je ne me suis pas apperçu que sa plus grande élévation , fut de plus de cinq pieds dans les sizigies.

Il y a passage entre les *Islets rouges* & la côte Ouest , mais ce ne peut être que pour entrer , dans un cas où les courants vous auroient entraînés dans les ressifs ; on rangera la *Tête de Singe* & les *Islets rouges* à deux encâblures.

S A N D Y - P O I N T.

Les deux pointes qui forment cette baie courent N. N. E. & S. S. O. , elles font l'une & l'autre entourées de ressifs ; ceux de la pointe du Sud ne s'écartent qu'à une longueur de câble , au lieu que ceux de la pointe du Nord vont jusqu'à

un tiers de lieue, les uns & les autres brifent prefque toujours ; les plus gros Vaiffeaux peuvent approcher ceux du
Nord à deux longueurs de câble, où l'on trouve 7 & 8 braffes fond de roches.

On peut approcher de plus près ceux du Sud, il y a 6, 7
& 8 braffes fond de fable à demi-longueur de câble.

De la pointe du Sud en allant à celle du Nord, on trouve
à demi-longueur de câble 8 braffes, & enfuite un fond égal
de 15 braffes jufqu'à ce qu'on foit S. S. E. & N. N. O., avec
les reffifs, tout fond de fable ; mais en continuant on trouve fond de roches jufqu'à terre, par 9, 7 & 4 braffes ; il y
a même fond le long de la côte Nord de cette baie, & à
deux encâblures de diftance, par 4, 6, 8 & 9 braffes,
ce qui empêche de mouiller de ce côté.

Pour entrer au mouillage, il faut courir fur les reffifs de la
pointe Nord, & en virant de bord, gouverner fur les rochers
qui font au fond de la baie ; ils font faciles à diftinguer, tout
le refte étant plage ; lorfqu'on fera à deux encâblures, on
jetera l'ancre dans un fond de fable, par dix braffes ; fi l'on
s'affourche, ce fera E. S. E. & O. N. O., il y a 6 braffes
à $\frac{1}{2}$ câble de terre. Il ne faut jamais mouiller dans le Nord
des rochers, mais par-tout ailleurs le fond y eft de la meilleure tenue, la mer y eft ordinairement très-calme, fur-
tout depuis Mars jufqu'en Octobre ; le refte du temps il y a,
quoique rarement, des raz de marée occafionnés par le vent
du Nord, mais ils ne font jamais dangereux : c'eft le meilleur mouillage de l'Ifle pour y caréner ou boucher une voie
d'eau.

La pointe Eft de l'Ifle de la *Trinité* paroiffant très-à clair,
je l'ai relevée de l'extrémité de la pointe Sud, au Sud cinq
degrés Oueft ; c'eft celle qu'on nomme *la Galere*.

Pour aller de cette baie au *petit Courlande*, on range les

reſſifs plus ou moins près , ſuivant la direction & la force du vent , on eſt preſque toujours obligé de courir quelques bords, avant de gagner le *petit Courlande.*

BAIE DU PETIT COURLANDE.

Cette rade eſt formée du côté du Nord par une pointe entourée de reſſifs ſur leſquels la mer ſe déploie , mais qui reſtent toujours à découvert ; ils ſont terminés par un petit rocher iſolé. Le tout ne s'étend pas à plus d'une encâblure de terre , & garantit la rade juſqu'au Nord , & au Sud elle eſt fermée juſqu'à l'O. $\frac{1}{4}$ S. O. par les reſſifs ; de ſorte que les vents qui pourroient la rendre dangereuſe ne ſoufflent que très-rarement , & ne ſont jamais forts. Quant au raz de marée , il ne ſe fait ſentir que fort près de terre , & ſi on étoit mouillé aſſez près pour en être incommodé , on ſe tireroit ſur l'ancre du large.

Cette rade inſpire tant de ſécurité , que les bâtimens y paſſent l'hivernage , dégrayés comme dans le cul-de-ſac du Fort-royal Martinique.

La pointe du Nord peut ſe ranger de fort près , car à une longueur de chaloupe de l'Iſlet iſolé on trouve 5 braſſes , & un peu plus au large , 6 , 7 & 8 , fond de roches ; un Vaiſſeau peut y paſſer à une longueur de câble ſans avoir rien à craindre. En entrant dans la pointe le fond continue à être parſemé de roches , par 5 & 6 braſſes , juſqu'à ce qu'on ſoit par le travers de la premiere habitation ſucrerie peu diſtante du bord de la mer, où il y a un moulin à vent ; le fond eſt alors de ſable par 7 braſſes,& juſqu'à trois longueurs de chaloupe du rocher qui ſert de baſe à cette habitation , le fond y eſt bon.

De ce rocher à la premiere pointe du Sud , terminée par un Iſlet qui en eſt peu ſéparé , gouvernant au S. O. $\frac{1}{4}$ O. , la sonde rend 5 , 6 & 9 brasses fond de sable jusqu'à ce qu'on soit par le travers du second moulin à vent, qu'on releve au S. E. ¼ S. ; ensuite jusqu'à l'Islet le fond y est parsemé de roches de distance en distance, au pied de l'Islet il y a 4 brasses , fond de roches.

Cette pointe avec celle des ressifs , forment encore une baie dans laquelle on peut mouiller à peu près par le même fond ; elle n'est pas fréquentée.

De cette Islet gouvernant sur la pointe Nord du *grand Courlande* , le cap au N. N. E. , la sonde rend 7 , 10 , 11 , 13 & 15 brasses , fond de sable , mais alors il y a fond de roches la longueur de deux câbles , & on est rendu par le travers du milieu des deux moulins à vent que je viens de citer; ensuite on trouve encore fond de sable par 20 & 22 brasses.

Le meilleur mouillage est donc en dedans de la pointe Nord , lorsqu'elle vous cache celle du *grand Courlande* entre les deux moulins à vent : cet espace peut contenir 12 Vaisseaux de ligne & 40 Bâtimens marchands.

Un gros Vaisseau mouillera , dès que la pointe Nord lui cachera celle du *grand Courlande*, par 11 brasses fond de sable , relevant la pointe Nord du *petit Courlande* au N. ¼ N. E. , la pointe Sud des ressifs au S. O. ¼ O. S'il doit y faire un long séjour , il portera une seconde ancre à terre.

Il y a une riviere qui ne tarit jamais , & dont l'eau est fort bonne , en la prenant un peu au-delà de son embouchure.

BAIE DU GRAND COURLANDE.

Cette baie n'est qu'une suite de celle du *petit Courlande* ; elles ne sont séparées que par la petite pointe dont je viens de parler. Pour peu qu'on soit au large , ces deux baies se confondent & paroissent n'en faire qu'une renfermée par la pointe Sud des reſſifs, & la pointe Nord du *grand Courlande.* On peut approcher celle-ci de fort près à toucher, il y a 4 & 5 braſſes fond de roches. De cette pointe gouvernant ſur celle du Sud, le cap au S. O., on trouve fond de roches juſques près de trois encâblures, enſuite tout eſt fond de ſable par 10, 15, 17, 20 & 25 braſſes juſques par le travers de la pointe qui ſépare les deux baies : en revenant, & paſſant à deux encâblures plus près de terre, la ſonde rend 10, 9, 8 & 6 braſſes, toujours fond de ſable.

En doublant la pointe Nord, il y a un Iſlet à cent pas environ de terre, entre lequel & la pointe, & à la même diſtance, exiſte un écueil nommé *le Baril de bœuf*, ſur lequel il n'y a que 4 à 5 pieds d'eau à mer baſſe, & qui briſe lorſque la mer eſt élevée, ou qu'il vente frais du N. E. ; on peut le ranger à toucher, il y a 7 braſſes.

Un bâtiment qui voudra mouiller en dedans de l'Iſlet, arrondira la pointe à deux ou trois encâblures, & gouvernera enſuite ſur un moulin à vent iſolé, preſque au bord de mer & le premier au Sud du bourg ; lorſqu'il ſera à peu près entre l'Iſlet & la plage, il mouillera dans un fond de ſable par 6 braſſes, & s'affourchera S. S. E. & N. N. O. ; dans cette poſition il ouvrira un peu l'Iſlet avec la terre. Une Frégate & un Vaiſſeau y ont partout leur évitage. Les caboteurs mouillent plus près du bourg par 4 braſſes, même fond.

Un Vaiſſeau qui ne voudroit pas s'enfoncer autant, & reſter ſur un pied d'ancre, mouilleroit à trois encâblures de la pointe ; lorſqu'elle commencera à lui cacher toutes les autres terres du Nord, par 8 ou 9 braſſes fond de ſable, il relevera :

La pointe Nord, au . . . . N. N. E., 5° Eſt.
La pointe Sud des reſſifs, au . . . . S. O.
C'eſt la place où doit mouiller le chef de file d'une
grande

grande Escadre qui voudroit s'y embosser.

La Baie peut contenir l'Escadre, & le Convoi le plus considérable.

Il y a une grande Riviere au Sud du Bourg, dont l'eau est fort bonne, en la prenant à une petite distance de la mer.

CASTARA-BAY.

On compte environ trois lieues de Courlande ici, & pour y venir il faut ordinairement louvoyer. Cette baie a trois encablures de largeur, sur autant de longueur; elle est ouverte du N. N. O. jusqu'au S. O.; ses deux côtés sont accores; & depuis l'Islet qu'on trouve en venant par le Nord, & qui lui sert de reconnoissance, la sonde ne rend jamais moins de 6 brasses, & pour peu qu'on s'écarte, on trouve 9, 15 & 18 brasses, fond de gravier ou roche. La pointe Nord du mouillage est terminée par un petit rocher à fleur d'eau, peu distant de la côte, & qu'on peut ranger à toucher; il y a 6 brasses à son pied. On peut donc approcher la terre de l'un & de l'autre côté, d'aussi près qu'on le veut; mais il faut, autant que le vent le permet, serrer la côte du Nord, afin qu'en venant du lof, après avoir dépassé le petit rocher à fleur d'eau, on puisse mouiller sans être obligé de courir un bord. On laissera tomber l'ancre au milieu de l'espace compris entre le rocher & la côte opposée, dans un fond de sable, par 15 brasses. La sonde d'un côté à l'autre, en partant du petit rocher, & gouvernant sur un ravin de la côte Sud, rend 8, 17, 15, 14, 12, 7 ½ & 4 brasses, à une longueur de Chaloupe de la terre, tout fond de sable; & dans l'intérieur on trouve 10, 8, 6, 4 & 2 ½ brasses, à toucher la plage, & toujours fond de sable. Il faudra

C

porter une petite ancre dans l'Eſt, parce que, après 15 braſſes, le fond perd rapidement.

Il eſt à regretter que cette Baie ne ſoit pas plus ſpa-cieuſe, car le mouillage y eſt très-bon, entouré de hautes montagnes qui le garantiſſent des vents regnants; la mer y eſt ordinairement très-calme, & l'on en ſort quand on veut; mais elle ne peut contenir que trois ou quatre bâti-ments.

Dans le fond ſe jete une riviere dont l'eau eſt excellente; un Vaiſſeau peut ſe remplir ſous peu de temps.

BLOODY-BAY.

Cette Baie, ouverte depuis le Nord juſqu'à l'Oueſt, a environ trois longueurs de câble de largeur, & ſon enfoncement eſt le double. Vis-à-vis, & à demi-lieue au large, ſont les rochers nommés *The Siſters*, les Sœurs. Les deux côtés ſont ſains, mais ſurtout celui du Sud, où à toucher, on ne trouve jamais moins de 5 braſſes, fond de ſable; au lieu que le côté du Nord à moins d'eau dans certains endroits, & le fond y eſt gravier ou roche, mais à une demi-encablure au plus, on trouve 7 & 8 braſſes, fond de ſable.

Au milieu de l'entrée il y a 15 braſſes, & en allant dans le fond, 10, 8, 6 & 4, toujours ſable.

Ce mouillage n'eſt bon que pour les petits Bâtiments; la mer, reſſerrée par les deux pointes, doit y être fort élevée lorſqu'il y a un raz de marée, ou que le vent ſouffle au Nord; dans ces deux cas, je crois qu'il ſeroit dangereux de s'y laiſſer ſurprendre, même avec un ba-teau ou gouelette.

Un bâtiment quarré ne pourroit mouiller qu'à l'entrée; & comme il n'y a que le beſoin d'eau qui puiſſe y conduire, je préférerois aller à *Castara-Bay*, où l'eau est pour le moins aussi bonne & le mouillage infiniment meilleur.

Pour aller de cette baie à celle de *Man of war Bay*, on peut passer entre les rochers nommés *The Brothers* & *The Sisters*; ces derniers sont les plus au large, à une demi-lieue; on peut les accoster à toucher, il y a 9 brasses, fond de roches. On ne peut pas approcher d'aussi près *les Freres*.

MAN OF WAR BAY.

Cette baie a, à peu de chose près, une demi-lieue d'enfoncement du N. O. au S. E., & environ la même largeur. Elle est ouverte depuis le Nord jusqu'à l'Ouest, & dans le fond la pointe Nord vous couvre jusqu'a N. N. O. Ce seroit sans contre-dit la plus belle Rade de l'Isle, si la profondeur permettoit de mouiller partout, ou qu'un vent constant vous fit remonter jusqu'au fond.

Cette baie renferme trois anses où l'on peut mouiller. Celle des *Pirates* sur la côte du Nord, celle de *Man of war Bay* dans le fond, & celle de *l'hermitage* formée par la pointe du Sud & l'Islet *Grand Gozier*. Cet Islet est à l'extrémité Sud de l'anse *Man of war Bay*, à une encablure de terre, & il fait face à l'anse des *Pirates*. Il est difficile de le voir en entrant, étant confondu avec la terre, mais on le découvre pour peu qu'on soit en dedans.

Il y a grand louvoyage dans toute la baie, & l'on peut, sur les deux bords, approcher la terre à une longueur de Vaisseau. Le seul danger se trouve à deux encablures en dedans de la pointe Sud; c'est un rocher presque à fleur d'eau, de la grosseur d'une Chaloupe, on le nomme *le Loup*, il est à une longueur de câble de terre; la mer y brise continuellement, & lorsqu'elle est calme, on le voit au dessus de l'eau; il y a 15 brasses à toucher, de ſorte qu'il n'eſt point du tout dangereux. Une remarque ſûre pour ne pas l'approcher, c'eſt, en courant des bords, de ne jamais fermer les Sœurs *The Siſters* avec la pointe Sud ; cette précaution ne ſera néceſſaire, tout au plus, qu'au premier bord. Voici les ſondes priſes avec exactitude dans tous les points.

Dans l'anſe Man of war bay, *formant le demi-cercle, dont la circonférence eſt une plage de ſable, ſituée dans le S. E., faiſant face à l'entrée.*

A une encablure & demie de terre, dans le milieu du mouillage, 15 braſſes, fond de ſable ; & en allant de chaque côté, 14, 13, 12 & 10 braſſes, même fond, juſqu'à une demi-encablure de la côte, où il n'y a plus que 6, 5, 4 & 3 braſſes, fond de corail, gingembre, gros gravier & roche.

En allant à la plage vis-à-vis, le fond eſt par-tout de ſable, & diminue inſenſiblement juſqu'à 2 braſſes, fort près de terre.

On peut donc jeter l'ancre par-tout, en évitant d'approcher de l'un & de l'autre côté plus près d'une demi-encablure. L'eſpace qui reſte peut contenir vingt bâtiments amarrés avec une ancre au large, & l'autre à terre, comme ils ſont à *St. Pierre-Martinique* : le double de bâtiments y contiendroit en faiſant deux rangs.

De la premiere ſonde à l'Iſlet Grand Gozier.

15, 14, 13 & 10 braſſes, fond de ſable ; à toucher l'Iſlet, 9 braſſes, fond de roches. Il y a un eſpace d'environ une encablure de l'Iſlet à terre, qui eſt tout fond de roches, par 4 braſſes au milieu, & 3 & 2 ſur les côtés. C'eſt à ce côté du S. E. où il y a le moins d'eau ;

car dans tous les autres points de sa circonférence, il y a 9, 10 & 15 brasses, fond de roches.

De la premiere sonde à l'anse des Pirates.

15, 16, 14, 13 & 9 brasses, fond de sable, & en approchant de la pointe du S. E. on ne trouve plus que 6, 5 & 4 brasses, fond de corail, gingembre & roche.

Dans l'anse des Pirates *, qui a tout au plus un câble de largeur.*

Le milieu est fond de sable jusqu'à terre, par 5, 4, 3 & 2 brasses; mais de chaque côté le fond y est mauvais, par 6, 5 & 4 brasses. Cette anse ne peut servir qu'à un petit bâtiment qui auroit besoin d'un radoub, la pointe du Nord le mettant plus à couvert; encore faudra-t-il qu'il se dépêche, dans la crainte d'un raz de marée. Un gros bâtiment mouillera par le travers du milieu de l'anse, par 8 ou 11 brasses, fond de sable.

Du milieu de l'anse des Pirates *à l'Islet* Grand Gozier.

5, 6, 8, 11, 14½, 28, 35, au milieu, 29, 25, 19, à une encablure de l'Islet, tout fond de sable, excepté au milieu où le fond est coquillage & gros gravier.

En continuant vers l'Islet, 10 & 9 brasses, fond de roche.

De l'Islet Grand Gozier *à l'écueil de la pointe du Sud, nommé* le Loup.

A une encablure, 23, 29, 34, au milieu, 33 & 18 brasses, fond de sable mêlé de vase, & 15 brasses à une demi-encablure de l'écueil, fond de roches.

Du Loup *à la pointe du Nord.*

A une encablure, 33, 47, 55, au milieu, 42, 26 brasses, fond de sable & vase.

Autour de la pointe du Nord.

A une demi-encablure, 30, 25, 19, fond de roches ; mais lorsqu'on commence à fermer les Islets *St. Gilles*, il y a un petit espace où l'on trouve du sable, par 18 & 17 brasses ; & ensuite, le long de la côte jusqu'à l'anse des *Pirates*, à une demi-encablure de distance ; le fond y est gros gravier & roche, par 14, 15 & 12 brasses.

Autour de la pointe Sud.

19, 20, 25, 40, 49 brasses, fond de roche ou gros gravier ; d'ailleurs le vent & la mer battent en côte.

Dans l'anse de l'Hermitage.

A commencer du milieu de l'espace compris entre l'Islet *Grand Gozier* & *le Loup*, & gouvernant sur la petite anse de sable, où se jete la riviere.

34, 30, 25, 18, 15, 12, 8 & 6 à une encâblure de terre, tout fond de sable mêlé de vase ; il y a à peu près la même quantité de brasses dans toute l'anse, à un même éloignement de terre. Elle peut contenir plusieurs bâtimens ; mais on y roule ordinairement beaucoup, & quoique la pointe Nord vous mette à couvert du vent de N. E., la mer y entre & y est quelquefois fort élevée lorsque les courans vont en sens contraire. Les habitans m'ont dit y avoir vu un Vaisseau Anglois, & souvent des Frégates.

Du milieu des deux pointes Nord & Sud, qui forment la baie, jusques par le travers de l'Islet grand Gosier, le cap au S. E., la sonde rend :

55, 50, 42 & 35 fond de sable noir, & petit gravier à la derniere sonde.

D'après toutes les sondes, on voit qu'un bâtiment muni de

bons câbles peut mouiller presque par-tout, pour peu qu'il ait pénétré dans la baie , & se touer ensuite jusqu'au bon mouillage : mais un bâtiment marchand manque ordinairement de moyens , ses câbles sont souvent usés, presque toujours courts & fort peu d'équipage. Il faudroit donc pour être en sûreté qu'il pût se rendre à l'anse *Man of War-Bay* : voici les inconvéniens qui s'y opposent.

Lorsqu'on entre dans la baie, soit par le Nord ou le Sud, on trouve ordinairement calme, & les courants vous entraînent au large.

Si le vent y pénétre, la hauteur des montagnes dont elle est entourée les fait varier si fréquemment, qu'on est à chaque instant coeffé, & obligé par conséquent à une manœuvre continuelle : on reste souvent tout un jour avant de parvenir à gagner le travers de l'Islet *grand Gosier*, & dans la nuit le vent venant à calmer vous force à mouiller ou à sortir. Il est, on ne peut pas plus rare, de trouver une circonstance où le vent vous conduisent à l'anse *Man of War-Bay*, de la bordée.

On sent aisément que les difficultés augmenteroient en raison du nombre des bâtimens qui entreroient en même-tems.

Un bâtiment qui voudra entrer dans la baie, doit éviter d'accoster l'une & l'autre pointes, parce que les courants y sont plus violens, la mer plus clapoteuse, & qu'on éprouve plutôt les variations du vent ; au contraire, en prenant le milieu, il pénétrera plus vîte dans la baie, & si le vent est au N. E., il peut aller jusque sur l'Islet *grand Gosier*, & même plus avant ; alors si le vent lui manque, & que les courants l'entraînent, il mouillera & se touera jusqu'au fond.

Il y a plusieurs rivieres dont l'eau est limpide & fort bonne.

Lorsqu'on attérera tard, & qu'on voudra mouiller pendant la nuit, la feule baie où l'on puiffe entrer avec fécurité eft le *grand Courlande*.

On n'a pas fait mention des autres baies marquées fur la carte, parce qu'elles ne peuvent fervir qu'aux Caboteurs.

Au Port-Louis, le 15 Septembre 1787.